28式综合太极扇

张山 等／主编

北京体育大学出版社

策划编辑：曾　莉
责任编辑：曾　莉
责任校对：张志富
版式设计：高文函

图书在版编目（CIP）数据

28式综合太极扇 / 张山等主编 . -- 北京 : 北京体育大学出版社 , 2021.12
（28式综合太极拳（械）丛书）
ISBN 978-7-5644-3512-7

Ⅰ . ① 2… Ⅱ . ①张… Ⅲ . ①器械术 (武术) —基本知识—中国 Ⅳ . ① G852.2

中国版本图书馆 CIP 数据核字 (2021) 第 261848 号

28式综合太极扇
28 SHI ZONGHE TAIJI SHAN
张山　等　主编

出版发行：北京体育大学出版社
址　　址：北京市海淀区农大南路 1 号院 2 号楼 2 层办公 B-212
邮　　编：100084
网　　址：http: //cbs.bsu.edu.cn
发 行 部：010-62989320
邮 购 部：北京体育大学出版社读者服务部 010-62989432
印　　刷：北京瑞禾彩色印刷有限公司
开　　本：710mm × 1000mm　　1/16
成品尺寸：170mm × 240mm
印　　张：6
字　　数：118 千字
版　　次：2021 年 12 月第 1 版
印　　次：2021 年 12 月第 1 次印刷
定　　价：45.00 元

《28式综合太极扇》编委会

主　　编： 张　山　徐彩桐　王华锋　栾玉香　张万强　周青泉　周　亮　张保杰

副主编： 唐玄戈　董振平　刘　利　顾家英　韩建春　黄康辉　王海燕　朱　虹　黄　丽　张保国　田　径　苏　玥　李　靖　洪　丽　王志国　范宝义　李春松

编　　委：（排名不分先后）
冯淑珍　皮传琼　刘中瑞　刘金凤　刘　然　杜启兰　李宪勤　李　惠　杨代弟　吴荷娣　汪　娟　张　峥　张保生　张勇涛　张爱凤　张　嵘　张　燕　果　然　姜　伟　袁飞龙　徐利卫　郭象琴　蒋蕴华　魏　鹏

编　　辑： 王海燕　张保国　周　亮　李春松

技术演示： 刘　然　何嘉能　果　然

专家顾问简介

朱瑞琪：北京体育大学教授、博士生导师，武术国际裁判，中国武术九段，国家体育总局武术研究院专家委员会专家。

马学智：北京体育大学中国武术学院院长，教授、博士生导师。

李俊峰：曾任北京武术队教练，并多次担任国家队主教练参加国际比赛与表演。在获奖影片《武林志》中扮演男主角——东方旭。

杨　丽：女，北京体育大学教授，中国武术九段，国家级武术裁判，中国武术协会理事，杨式太极扇的创编者。

周之华：曾任首都体育学院武术与表演学院院长、教授、博士生导师，中国武术九段，中国武术协会理事，北京市武术运动协会副主席。

张鸿骏：曾任国家散打队教练，国际级裁判，中国武术九段，形意、八卦的非遗传承人，意拳第三代主要传承人。

冯秀芳：女，国际混元太极拳联合会理事长，北京武术协会陈式心意混元太极拳专家委员会主任。

刘　伟：吴式太极拳非遗传承人之一，武术高级教练，中国武术七段，北京吴式太极拳研究会会长。

刘树春：中国武术八段，孙式太极拳名家，现任北京孙禄堂武学文化发展中心主任，北京武术协会孙式太极拳专业委员会主任。

龚建新：《中华武术》杂志执行主编，资深编审。

邵守俊：中国武术七段，国家级裁判员，国家级段位考评员，国家社会体育指导员，曾任《武魂》《武魂·武道》杂志主编。

赵江峰：《武魂·太极》杂志执行主编，资深媒体人。

专家顾问合影

第二排左起

刘　然　唐玄戈　喻继红　徐彩桐　刘　利　何嘉能　崔仲三　武世俊　刘亚军
王华锋　黄康辉　周　亮　董晓梅　李春松　铁煜荷　张保国　苑鹏飞

第一排左起

王海燕　刘　伟　刘树春　冯秀芳　杨　丽　朱瑞琪　王学敏　张　山　李俊峰
马学智　周之华　张鸿骏　龚建新　邵守俊　赵江峰

前言

太极拳运动（含拳术、器械、推手等）是深受国内外人士喜爱的运动项目，它具有丰富的哲理、独特的运动形式、深厚的文化底蕴和显著的健身功能，吸引着越来越多的习练者。在快节奏的现代生活中，人们渴望幸福的生活和健康的身体，练习太极扇就是实现这一愿望的很好选择。

太极拳运动的推广与普及为全民健身提供了良好的条件。从小学到大学，从农村到城镇，从工厂到社区，从国内到国外，到处都可以见到太极拳和太极器械的习练者。据不完全统计，全国约5000万人练习太极拳和太极器械，全世界约1.5亿人练习太极拳和太极器械，可见它深受大众喜爱。太极拳运动给人们带来了身心俱健的福祉。

为了推广与普及太极拳运动，丰富健身内容，适应当今传统武术套路比赛的要求，我们新编了《28式综合太极扇》。它具有太极拳运动的健身性、技击性、艺术性和观赏性特点。经常练习太极扇可以体悟太极拳“刚柔相济、动静相生”的劲力变化及太极扇飘逸、柔和的美感。此套路分为4段，套路动作和布局结构较为新颖，并符合2012年中国武术协会审定的《传统武术套路竞赛规则》对比赛场地及时间的要求。

为了提高本书的编写质量，2020年11月8日，编委会特邀请了十多位专家顾问，给予技术审定，并提出了如下审定意见：

（1）套路特点比较突出，内容丰富，技术难度和运动量适中，易教学、易推广，符合大众健身体育的特点和要求。

（2）套路布局合理，套路动作编排连贯顺畅，重复动作少，全面锻炼身体各部位，既有新意，又继承传统风格。

（3）项目编排符合2012年中国武术协会审定的《传统武术套路竞赛规则》的要求，完全可以用于体育竞赛，对中国传统武术发展和太极扇的推广具有积极的作用。

（4）希望新编的套路尽快推出，尽早让广大习武者受益。

在此，感谢各位专家顾问对创编工作的肯定、鼓励及大力支持。

在本书的编写过程中，我们得到了武术界朋友的大力支持，使本书的编写工作得以顺利完成。尽管很努力地工作，书中也难免有不妥之处，恳请广大武术爱好者多多指正。

28式综合太极拳（械）丛书编委会

目 录
CONTENTS

一、太极拳源流简介

“太极”一词，源于《周易·系词》：“易有太极，是生两仪。”意即：太极是产生万物的本源，含有至高、至极、绝对、唯一之意。太极拳的取义也是这个意思。太极拳，武术拳种之一。太极拳早期名称也不统一，直至清乾隆年间山西王宗岳著有《太极拳论》一书，此为“太极拳”名称最早的文字记载，太极拳这个名称才确定下来。太极拳的起源，历来有种种说法。

（1）唐代（8世纪中期）许宣平、李道子所创。

（2）宋徽宗时（12世纪）武当山张三峰夜梦玄武大帝授拳，创编了太极拳。

（3）元末明初（14世纪）武当山道士张三丰所创。

（4）明初（14世纪）陈卜创编。

（5）明末清初（17世纪）的陈王廷（1600—1680）创编。

经中国武术史学家唐豪先生研究证实，太极拳最早传习于河南温县陈家沟陈姓家族中，创编人为陈王廷。他是陈氏始祖陈卜第九世孙，自幼习文练武，文武兼备，是一位很有创见的武术家。

太极拳的文化内涵主要来源有3个。

（1）吸收了明代各家拳法之长，特别是汲取了戚继光的32式长拳之精华。

（2）结合了古代导引、吐纳之术，如太极拳讲究意念导引，气沉丹田，讲究心静体松，重在内壮，被称为“内家拳”之一。

（3）运用了中国古典唯物哲学的阴阳学说和中医基本理论的经络学说，成为内外兼修的拳术。

太极拳经过300多年的流传衍变，发展出许多流派，其中流传较广、特点较明显的有陈、杨、吴、武、孙等流派。近期随着研究的深入，也有专家学者将赵堡太极拳、和式太极拳列为太极拳主要流派。各种流派太极拳各有自己的特点，自成体系。各流派太极拳间虽然在套路动作风格等方面各有不同，但它们之间仍保持着基本相同的技术要求和运动特点。在身体姿势方面要求虚领顶劲，含胸拔背、松腰敛臀、圆裆松胯、沉肩垂肘、舒指坐腕、尾闾中正；在动作运转路线方面，均要求弧形圆转，连贯圆活等；在动作速度和劲力上，要求以柔和缓慢为主，速度适宜。在整体上，要求以意导体，以体导气，意、气、体三者协调配合。在技击方面，要求刚柔相济。各式太极拳，除拳术套路外，又各有器械套路和推手内容。

太极拳运动，因其富有独特韵味和较深的哲理，对强身健体、预防疾病等均有良好的作用，所以越来越受到世界各国人士的喜爱，使他们受益匪浅。太极拳运动为增进人们的健康长寿发挥着越来越大的作用。

二、太极拳、械的生理保健作用

实践证明，太极拳是一种健身与预防疾病的有效手段，除增强体质外，也可辅助调理高血压病、心脏病、糖尿病等，它已被应用到体育医疗中。史料证明，我国是最早应用体育健身和防治疾病的国家。在我国最老的医学经典著作《黄帝内经·素问》中就曾这样提过："其病多痿厥寒热，其治宜导引。"1800多年以前，华佗曾创编了"五禽戏"作为健身运动，他的理论是："人体长动摇则谷气消，血脉通，病不生，人犹户枢不朽是也。"这都说明体育在防病和治病中有积极的意义。习练太极拳除全身各个肌肉群、关节需要活动外，还要配合深呼吸与横膈运动，特别要求练习者在打拳时，尽量做到"心静"以及精神贯注。这样就对中枢神经系统起到了良好的影响，从而为其他系统与器官机能的活动和改善打下了良好的基础。

（一）对神经系统的影响

根据近年来生理学的发展，特别是许多生理学家对中枢神经的研究，我们进一步地认识了中枢神经系统对人体的重要作用。神经系统，尤其是它的高级部分，是调节与支配所有系统与器官活动的枢纽。人类依靠神经系统的活动，以适应外界环境并改造外界环境。人类靠神经系统的活动使人体各个系统与器官的机能活动按照需要统一起来。因此，任何一种锻炼方法，如果能增强中枢神经系统的机能，对全身来说，就有很好的保健作用，太极拳的优越性就在于此。

练太极拳要求"心静"，注意力集中，并且讲究"用意"，这些对大脑活动有良好的锻炼作用。此外，从动作上讲，练习太极拳时，动作要"完整一气"，由眼神到上肢、躯干、下肢，要协调一致，绵绵不断。由于某些动作比较复杂，更需要有良好的支配和平衡能力，因此，太极拳需要大脑在紧张的活动下完成，从而提高中枢神经系统的紧张度，促进其他系统与器官的活动能力，加强大脑机能的调节作用。

太极拳是"有氧运动"的典范。在运动全过程中，从不欠氧，并以特有的锻炼形式和呼吸方法，使体内氧得到补充，为行拳中放松僵硬的肢体和紧张的情绪提供了身心支持与保证。经常练习太极拳的人都会有周身舒适、精神焕发、反应灵敏的感觉，这些都是练拳的人情绪提高和兴趣浓厚的原因。情绪的提高在生理上有重要意义，它可以使各种生理机能活跃起来。对某些慢性病患者来讲，情绪的提高更为重要。这些都充分说明了练习太极拳对中枢神经系统的改善有良好的作用。

（二）对心血管系统及呼吸系统的影响

太极拳对心血管系统的影响，是在中枢神经活动支配下发生的。就太极拳动作组成来说，它包括了各组肌肉、关节的活动和有节律的呼吸运动，特别是横膈运动。因此，它能加强血液及淋巴的循环，是减少体内淤血的良好办法。

众所周知，全身各种骨骼肌的周期性收缩与舒张，可以加强静脉的血液循环，肌肉的活动保证了静脉血液回流。呼吸运动同样也能加速静脉的回流。比如，吸气时胸廓的内容积增大，内部的负压增高，导致上下腔静脉的压力减低，静脉回流加速。这一点在练习太极拳的过程中表现得非常明显。由于太极拳运动可以有意识地使呼吸与动作自然配合，增强了通气功能，呼吸效果就会增加，也会更好地加速血液与淋巴的循环。

练习太极拳时，要求气向下沉，即“气沉丹田”，这是一种横膈呼吸，它在医疗与保健中都有很好的作用。我们说太极拳是“内练一口气，外练筋骨皮”，太极拳是通过练有形之身，得无形之气，而气的重要作用就在于“内强五脏和六腑”。膈肌与腹肌的收缩与舒张，使腹压不断改变，腹压增高时，腹腔的静脉受到压力的作用，把血液输入右心房；相反，当腹压减低时，血液则向腹腔输入。这样，呼吸运动就可以改善血液循环的状况，加强心肌的营养。此外，横膈的运动又可以给肝以有规律性的按摩作用，是消除肝淤血、改善肝动能的良好方法。所以，练习太极拳可以提高中枢神经系统的调节机能，改善体内器官之间的协调活动，使迷走神经紧张度增高，各器官组织供血、供氧充分，物质代谢也得到改善；可以使心脏冠状动脉供血充足，心脏收缩有力，血液动力过程良好，对预防心脏病及动脉硬化等疾病有良好的作用。2015年9月，一项发表于《英国运动学》杂志的回顾研究表明，太极拳对治疗癌症、骨关节炎、心脏衰竭和慢性堵塞性肺病等有较好的辅助作用。

（三）对骨骼及关节的影响

练习太极拳时要求“含胸松腰拔背”“腰脊为第一主宰”，说明练太极拳时与腰部活动有着密切的关系。经常练习太极拳，对脊柱的形态和组织结构都有良好的锻炼作用。经常练习太极拳的人脊柱活动较多，驼背的发生率远比一般人低。

老年骨质疏松是一种衰老的退行性变化，其原因主要是骨组织中成骨细胞不活跃，不能产生骨的蛋白基质，致使骨生长减少，吸收多，骨质变松。骨质疏松就容易产生畸形，关节活动也就不灵活。而练习太极拳要求动作连贯、圆活、周身节节贯穿，因此，练习太极拳对骨质疏松有一定的防治作用。

2020年以来，在抗击新冠肺炎疫情期间，基于钟南山、张伯礼等院士的肯定和推介，加上广大太极拳爱好者的努力，太极拳对“提高免疫力”“改善心血管功能”的效果受到重视，成为广大群众提高身体素质的重要选项。从这个意义上讲，太极拳迎来了推广和发展的春天。

综上所述，太极拳是一种合乎生理规律、轻松柔和的健身运动，它对中枢神经系统有良好的影响，加强了心脏、血管与呼吸的功能，能减少体内淤血，改善消化系统功能与体内物质代谢功能。从医学的观点上看，太极拳是一项很好的保健、医疗体育运动，是当代人们养生健身的首选。

三、28式综合太极扇基本技术要领

（一）太极扇结构

太极扇的结构见图3–1。

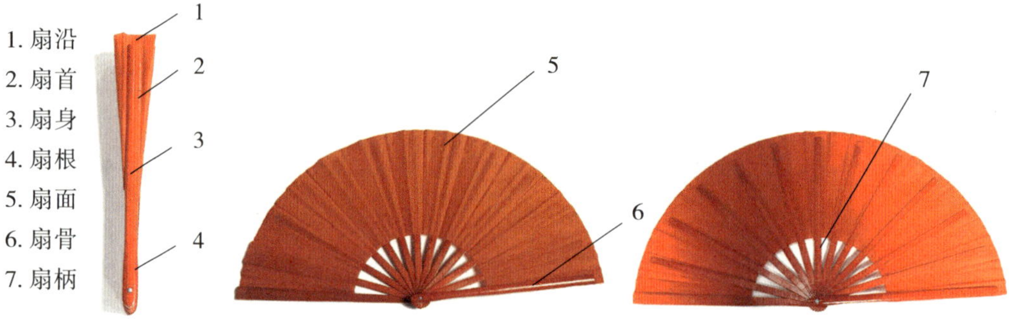

合扇结构图（左）　开扇结构图（正）　开扇结构图（反）

图3–1

（二）太极扇握法

1. 握扇

四指卷屈握持扇根处，虎口正对扇柄，拇指扣拢。（图3–2）

图3–2

2. 持扇

开扇状态下，四指卷屈握持扇根处，拇指贴按于扇柄上。（图3-3、图3-4）

图3-3

图3-4

（三）28式综合太极扇基本扇法

1. 开扇

合扇状态下，手持扇根，扇柄正对虎口，手腕向内屈发力，手指拨动扇柄将扇面完全打开；开扇后扇面呈半圆状，扇骨贴合手臂成一直线。（图3-5、图3-6）

图3-5

图3-6

2. 合扇

开扇状态下，手腕向外伸发力将扇面完全闭合，扇身与手臂成一直线。（图3-7、图3-8）

图3-7

图3-8

3. 刺扇

手持扇根向前直出，刺出后手臂与扇身成一直线，力达扇首。（图3-9、图3-10为合扇刺扇，图3-11、图3-12为开扇刺扇）

合扇刺扇

图3-9

图3-10

开扇刺扇

图3-11

图3-12

合扇平云扇

4. 平云扇

手持扇根，扇身（合扇状态）或扇面（开扇状态）在头上方或头前上方平圆绕环。（图3–13至图3–16为合扇平云扇，图3–17至图3–20为开扇平云扇）

图3–13

图3–14

图3–15

图3–16

开扇平云扇

图3-17

图3-18

图3-19

图3-20

5. 抱扇

开扇状态下，两手环抱于腹前，扇柄贴合前臂，扇面正对前胸，高不过下颚。（图3-21、图3-22）

图3-21

图3-22

6. 撩扇

垂立持扇，扇首向下、向右方撩起，力达扇身前段。（图3–23至图3–25）

图3–23

图3–24

图3–25

7. 挂扇

垂立持扇，扇首由前上向下后方贴身立圆绕环，力达扇身前段。（图3–26至图3–28）

图3–26

图3–27

图3–28

8. 按扇

扇身平行（开扇状态下，扇首向下）由上至下垂直按压。（图3-29、图3-30为合扇按扇，图3-31、图3-32为开扇按扇）

合扇按扇

图3-29

图3-30

开扇按扇

图3-31

图3-32

9. 拨扇

开扇状态下，扇柄紧贴前臂，转身带动扇面向右后方外旋，力达扇面。（图3-33至图3-35）

图3-33

图3-34

图3-35

10. 穿扇

持扇手臂由屈至伸，扇身沿身体某一部位穿出，力达扇首。（图3-36至图3-39为合扇穿扇，图3-40至图3-43为开扇穿扇）

合扇穿扇

图3-36

图3-37

图3-38

图3-39

开扇穿扇

图3-40

图3-41

图3-42

图3-43

11. 劈扇

向上立扇，然后向下劈落，扇身与手臂成一直线，力达扇身外沿。（图3–44至图3–46为合扇劈扇，图3–47至图3–49为开扇劈扇）

合扇劈扇

图3–44

图3–45

图3–46

开扇劈扇

图3–47

图3–48

图3–49

12. 抛、接扇

开扇状态下，由下向上将扇抛出，单手接握扇根。（图3-50至图3-53）

图3-50

图3-51

图3-52

图3-53

13. 点扇

垂立持扇，手腕上提，扇首向前下方点击，力达扇首。（图3-54、图3-55）

图3-54

图3-55

14. 扫扇

扇身平放横向扫击，力达扇身。（图3-56至图3-58为合扇扫扇，图3-59至图3-61为开扇扫扇）

合扇扫扇

图3-56

图3-57

图3-58

开扇扫扇

图3-59

图3-60

图3-61

15. 截扇

扇身斜向下摆击，力达扇身前段。（图3-62至图3-64）

图3-62

图3-63

图3-64

16. 端扇

开扇状态下，掌指撑托扇骨，扇面平放朝上。（图3-65）

图3-65

17. 推扇

双手持扇两端，扇身平放，经胸前向前推出，力达扇身外沿。（图3-66、图3-67）

图3-66

图3-67

（四）28式综合太极扇基本步法

1. 开步

身体自然站立，两脚并拢，左脚跟轻抬起，随后脚前掌点起离地，向左侧平移，左脚前脚掌缓慢落地，与肩同宽，重心移至两腿中间，同时左脚跟落地踩实。（图3-68、图3-69）

图3-68

图3-69

2. 合步

身体自然站立，两脚与肩同宽，左脚跟轻抬起，随后脚前掌点起离地，向右侧平移，两脚并拢，左脚前脚掌缓慢落地，重心移向右腿，同时左脚跟落地踩实。（图3-70、图3-71）

图3-70

图3-71

3. 上步

左脚丁步站立，身体斜向左45° 方向，屈膝半蹲；身体微左转，左膝外展，向左前方伸膝出脚，脚跟着地；重心由后向前平移，同时右腿蹬直成弓步，身体正对前方。（图3–72至图3–74）

图3–72

图3–73

图3–74

4. 擦步

两脚并步站立，支撑腿重心在右腿，左腿提膝，向左侧方勾脚出腿，左脚跟内侧着地，着地后顺劲向外侧贴地平移，重心左移脚尖内勾。（图3–75至图3–77）

图3–75

图3–76

图3–77

5. 插步

两脚并步站立，身体自然放松，左脚向左一步，重心由右腿移向左腿，右脚轻抬起，收右腿插至左腿后侧方，左膝微屈，右脚前脚掌着地下踩。（图3-78、图3-79）

图3-78

图3-79

6. 跟步

两脚并步站立，屈膝微蹲，右脚向前上步，脚跟着地，脚尖勾起，重心前移，同时右脚踩实，左腿随之抬脚前跟，收至右脚左后方，前脚掌着地，脚跟抬起。（图3-80、图3-81）

图3-80

图3-81

7. 行步

两脚并步站立，屈膝微蹲，右脚向右前方出腿，脚尖外撇，脚跟着地，重心前移踩实，随之左腿前跟，沿右脚尖方向上步，左脚尖内扣下落，身体保持中正，两脚尖之间呈弧形，4步成圆，身体随步法转动。（图3-82至图3-85）

图3-82

图3-83

图3-84

图3-85

（五）28式综合太极扇基本步型

1. 歇步

两腿交叉站立，屈膝全蹲，前脚全脚掌着地，后脚前脚掌着地，臀部贴坐于后腿小腿上。（图3-86、图3-87）

图3-86

图3-87

2. 弓步

两腿前后站立，前腿半蹲，大腿接近水平，脚尖微内扣，膝约与脚背垂直，后腿伸直，脚尖内扣斜向前方，两脚全脚掌着地。（图3-88、图3-89）

图3-88

图3-89

图3-90

图3-91

3. 虚步

两腿前后站立，后腿屈膝半蹲，脚尖自然外展，重心位于后腿，前腿屈膝前伸，前脚掌或脚跟虚着地。（图3-90、图3-90）

4. 仆步

支撑腿全蹲，大腿紧靠小腿，膝与脚尖自然外展，另一腿平铺伸直，脚尖内扣，两脚全脚掌着地。（图3-92）

图3-92

5. 马步

两腿自然开立，两脚间距约为脚长的3倍，大腿半蹲成水平，脚尖正对前方，两脚全脚掌着地。（图3–93）

6. 四六步（半马步）

两腿前后自然开立，屈膝半蹲，重心前四后六，前脚尖内扣，后脚尖外展。（图3–94）

7. 提膝平衡

支撑腿直立站稳，前腿屈膝抬高过腰，小腿自然下垂，脚面绷直。（图3–95、图3–96）

图3–93

图3–94

图3–95

图3–96

（六）28式综合太极扇基本腿法

1. 蹬脚

提膝独立，支撑腿伸直或微屈；提膝腿由屈伸直向前蹬出，脚尖勾起，力达脚后跟。（图3–97、图3–98）

图3–97

图3–98

2. 外摆腿

双膝微屈，左腿直立站稳，右腿向左侧上踢，经面前向右侧画弧回落。（图3–99至图3–102）

图3–99

图3–100

图3–101

图3–102

四、28式综合太极扇动作图解

全套动作演示

（一）28式综合太极扇动作名称

第一段

1.起势

2.提膝挥扇

3.虚步前开扇

4.虚步亮扇

5.搂膝拗步

6.搬拦刺扇

7.歇步抱扇

第二段

8.提膝开扇

9.虚步撩扇

10.歇步按扇

11.拨扇前穿（吴式）

12.搂扫横劈

13.转身抛接扇

14.跟步推扇（孙式）

第三段

15.斜飞开扇（吴式）

16.左右云扇（陈式）

17.弓步平推

18.开扇蹬脚

19.左扫右截

20.弓步平扫

21.翻腰上撩扇

第四段

22.平云抡劈（孙式）

23.仰身前开扇

24.弓步穿扇

25.掩手三击（陈式）

26.行步端扇

27.马步抱扇

28.收势

（二）28式综合太极扇动作图解

第一段

1. 起势

（1）并步直立：两腿并拢自然站立，目视前方；左手反握扇身中段，扇首朝上，两手贴放腿外侧；收腹敛臀，气沉丹田。（图4-1）

起势

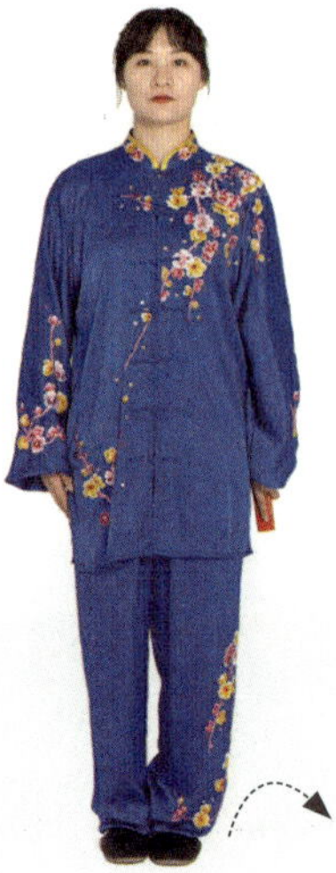

图4-1

（2）开步举臂：慢抬左脚开步，脚前掌落地，重心落于两腿间；两臂向前缓慢平举，两手同肩宽，腕与肩平，扇身贴于前臂，手心向下。（图4-2、图4-3）

图4-2

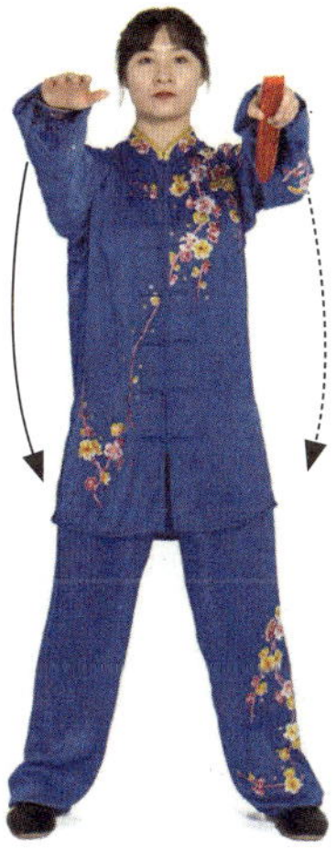
图4-3

（3）屈膝下按：两手自然下按至胯前，手肘微屈且略外撑；双腿屈膝下蹲，身体保持正直，手、脚动作协同一致。（图4-4）

图4-4

【要点】

（1）并步直立：站立时身体自然直立，头部虚领顶劲，下颌微收，平视前方。

（2）开步举臂：开步时点起点落，轻抬左脚，高不过右踝，脚尖朝向正前方；双臂自然伸直向前平举，肘关节向下微坠。

（3）屈膝下按：按掌时掌心向下，按掌和下蹲同时完成。

2. 提膝挥扇

（1）野马分鬃：

提膝挥扇

①右手顺时针画圆；身体左转，左脚尖勾起，脚尖外撇，重心左移，右脚跟步不落地；左手顺时针画弧合至胸前，顺势抱球，左手扇身中段与右手掌心相对。（图4–5、图4–6）

②右手接扇，握持扇根，右手内收至左胯侧；右膝外展，向右前方上步，脚跟着地。（图4–7）

③后脚蹬直，重心向前平移成弓步，身体右转；左手向左胯侧按捋，右手向右前方画弧，力达扇身前段，扇首方向与右脚尖一致，高不过头，低不过肩，肘、膝相对。（图4–8）

图4–5

图4–6

图4–7

图4–8

（2）高歇步平开扇：重心后移，右脚尖勾起；持扇手向左画弧回收至右腰，左手上贴右臂，经右胸向左前方平抹；重心前移，右脚前脚掌落地，左脚上步成高歇步，双膝微屈；左手顺势后撑，同时右手外展向前平开扇，扇面向上。（图4–9、图4–10）

图4–9

图4–10

（3）提膝挥扇：右脚上步，左手前收至右肩，右手回带至左胯侧；重心前移，左腿提膝独立，右手持扇向右上方合扇挥击，力达扇首。（图4–11至图4–13）

图4–11

图4–12

图4–13

【要点】

（1）野马分鬃：抱球时左臂握扇抱于胸前，手高不过肩，肘略低于手，右臂抱于腹前，掌心朝上，两手心相对；右脚向右斜方约45° 上步，右手持扇斜向上画弧，左手按至左髋旁约两拳间距。

（2）高歇步平开扇：上步保持重心平稳，勿上下起伏，左脚落步与平开扇同步完成，目视扇前方。

（3）提膝挥扇：先右移重心再提膝独立，提膝高于腰，脚背绷直，支撑腿自然站立，挥扇时头部虚顶，眼睛看向扇首。

3. 虚步前开扇

（1）马步下按：左脚前脚掌点地，左手展臂上举，两手过头上方后双腕相交，随之合臂下按，同时双腿屈膝成马步。（图4-14至图4-16）

（2）虚步前开扇：重心左移；同时双手向外平绕圆至腰间，眼随扇走，右脚回收；右手持扇向斜下方刺出开扇，左手合于右肘内侧；右脚随之虚步前探，脚尖勾起，脚跟着地。（图4-17至图4-20）

虚步前开扇

图4-14

图4-15

图4-16

图4-17

图4-18

图4-19

图4-20

【要点】

（1）马步下按：提膝下落时脚前掌着地下踩，落步点略比肩宽。下蹲和按扇同步完成。

（2）虚步前开扇：先左移重心，后收右脚，抬脚高不过脚踝。虚步前探时脚尖勾起勿触地，待右脚落步后再抖腕开扇。

4. 虚步亮扇

虚步亮扇

（1）身体左转，右脚前脚掌后撤点地；右手腕内旋，持扇向左画圆至右耳侧，扇面朝后，同时左手外展，向右侧画圆至右胯侧；重心后移至右脚，左脚变实为虚，脚前掌点地，身体微右转。（图4-21、图4-22）

（2）身体左转回正，左脚随之轻抬点地成虚步；左手搂膝画弧放于左胯前，右手腕内旋亮扇，扇面朝前。（图4-23）

【要点】

转体时以腰带手。亮扇时双手含劲外撑，左手搂按至左髋旁约两拳间距。眼神与动作协调配合。

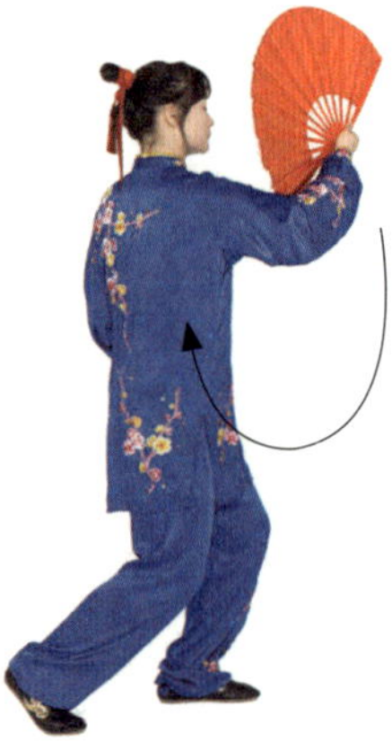

图4-21

图4-22

图4-23

5. 搂膝拗步

（1）右弓步搂推：右手合扇，与肩平齐；左脚向左上步，右手拦按至胯旁，左手收至左耳侧；右脚上步，右手向右搂膝按至大腿外侧，左手前推掌，重心前移成右弓步。（图4-24至图4-28）

搂膝拗步

图4-24

图4-25

图4-26

图4-27

图4-28

（2）左弓步搂刺：右脚脚尖外撇，重心移至右腿，身体右转右手上抬与肩平，开扇，左脚随之前跟，左脚向左上步；右手向左前方立扇平挥后收至右耳侧，左手向左搂膝按至大腿外侧，右手从右耳侧平移前刺；重心前移成左弓步。（图4-29至图4-33）

【要点】

（1）右弓步搂推：搂推时重心平稳前移，搂膝、推掌和弓步动作协调一致，同步完成。右扇搂至右腿外侧约两拳间距。

（2）左弓步搂刺：收脚开扇时身体中正，头部虚顶，抖腕开扇，重心保持平稳。搂膝、刺扇和弓步动作协调一致，同步完成。搂膝手按至左腿外侧约两拳间距。

图4-29

图4-30

图4-31

图4-32

图4-33

6. 搬拦刺扇

（1）进步搬扇：重心后移，左脚尖外撇，重心前移至左腿，身体左转；随之左手下按，右扇内旋，向下顺时针画圆至体前合扇前压，扇沿略高于肩；同时右脚向前方上步，脚跟着地。（图4-34、图4-35）

搬拦刺扇

（2）弓步前刺：右脚尖外撇，身体右转，重心移至右腿，左腿向前上步，脚跟着地；同时右手向外画圆收至腰

图4-34

图4-35

间，左手从腰间画弧拦至前方，与肩平齐，掌心向前；身体微左转，后腿自然伸直成弓步；同时右手扇从腰间向前平刺出，左手搭至右手前臂内侧。（图4–36至图4–39）

【要点】

（1）进步搬扇：上步时重心虚实分明，平稳前行，避免明显的上下起伏。搬扇前压时手臂微屈，力达扇柄。

（2）弓步前刺：拦手时转身带手同时进行，随之左脚上步与右扇前刺连贯完成，身体保持中正。

图4–36

图4–37

图4–38

图4–39

7. 歇步抱扇

（1）上步平扫：右脚向前上步；同时右手向前开扇平扫，左手自然置于左胯侧。（图4–40）

（2）进步平云扇：左脚上步内扣；右扇下落贴右腿外侧，随之右腕逆旋，双手打开由下往上至头上方；重心移至左腿，右脚自然抬起；同时右手平云扇。（图4–41、图4–42）

歇步抱扇

图4–40

图4–41

图4–42

（3）歇步抱扇：双手合至头上方，左手搭至右手臂内侧；右脚向左后方落步下蹲成歇步；同时双手下落抱扇至腹前；目视前方。（图4–43、图4–44）

【要点】

（1）上步平扫：平扫扇时双腿微屈发力，身体微前探。

（2）进步平云扇：左脚上步后，先左移重心保持平稳。平云扇时手腕放松画圆，仰头看扇。

（3）歇步抱扇：抱扇与歇步协调一致，同步完成。下蹲时身体保持中正，臀部坐于右脚跟上。

图4-43

图4-44

第二段

8. 提膝开扇

提膝开扇

（1）仆步下穿：起身右转；翻臂合扇，右手顺势向下抡臂绕圆至胸前，左手向上立掌于右肩前；右腿提膝，左腿屈膝下蹲，右腿下落成仆步；右手经体前扣腕，扇首朝向仆出腿方向穿出，左手反方向对穿，身随扇走。（图4-45至图4-48）

图4-45

图4-46

图4-47

图4-48

（2）提膝开扇：左腿蹬地，重心前移，右腿屈膝成弓步，左脚上步，脚尖内扣；右手上提贴耳侧，身体右转，右手随之向下落，左手抬臂后撑；重心后移，右腿提膝，右臂随势上提开扇；目视前方。（图4-49至图4-51）

【要点】

（1）仆步下穿：下穿时头部虚顶，扇首沿右腿上方穿出，身体随扇前穿。

（2）提膝开扇：转身后提膝和开扇动作同时完成。提膝时脚背绷直，膝部过腰。

图4-49

图4-50

图4-51

9. 虚步撩扇

右脚落地上步，同时提腕合扇，身体微左转，右手顺势后带，经面前下落后向前上方撩扇，左手合于右手腕；重心前移，左脚上步前点成虚步，身体右转；右手贴右耳侧上举扇，扇首朝前，左手护于右肩前。（图4–52至图4–54）

虚步撩扇

【要点】

撩扇与转身动作协调一致。虚步与举扇动作同时完成。身带扇走，目视前方。

图4–52

图4–53

图4–54

10. 歇步按扇

（1）左右挂扇：左脚上步，脚尖外撇，重心前移，后脚点起；右手持扇向身体左前下方绕立圆挂扇，扇首朝下，左手护于右手腕；右脚上步，脚尖外撇；左前臂外翻，向身体右下方挂扇。（图4–55至图4–57）

歇步按扇

（2）歇步下按扇：左脚内扣上步，身体右转；随之双臂展开上合，右手经头上方开扇下落，扇首朝下，扇面朝

内；右脚向身体左后侧插步，脚前掌点地；左掌搭右手腕向下按扇；同时双腿屈膝下蹲成歇步。（图4-58至图4-60）

【要点】

（1）左右挂扇：步法与扇法协调一致。上步时脚跟着地，重心前移，挂扇时手腕内扣，力达扇柄前端。动作上下相随，挂扇的路线轨迹呈立圆。

（2）歇步下按扇：双臂上举时眼随扇走，开扇下按与插步下蹲同步完成。

图4-55

图4-56

图4-57

图4-58

图4-59

图4-60

11. 拨扇前穿（吴式）

（1）转身拨扇：起身半蹲，右肘下旋，扇面紧贴前臂，扇柄垂直于地面；右膝外展，左脚尖内扣，身体右转（约180°）；左手自然平展，右手向后拨扇，力达扇面。（图4-61、图4-62）

拨扇前穿

图4-61

图4-62

（2）弓步前穿：右脚尖顺势外撇，身体持续右转（约90°）；右扇拨至体后，左手臂随带至体前，左脚上步，右手腕内旋收回腰间，扇柄向前，扇面回正，左手压腕下按；重心前移，前脚屈膝，后脚蹬直成弓步，扇沿左臂上方前穿。（图4-63至图4-66）

【要点】

（1）转身拨扇：撇脚转身时膝盖微屈，身体保持正直，手臂微外撑，转腰与拨扇相随相合。

（2）弓步前穿：身体微微前探，头部虚顶，收下颌，重心落于左腿，前穿手沿身躯与后弓腿约成一斜线，左膝不超脚尖。

图4-63

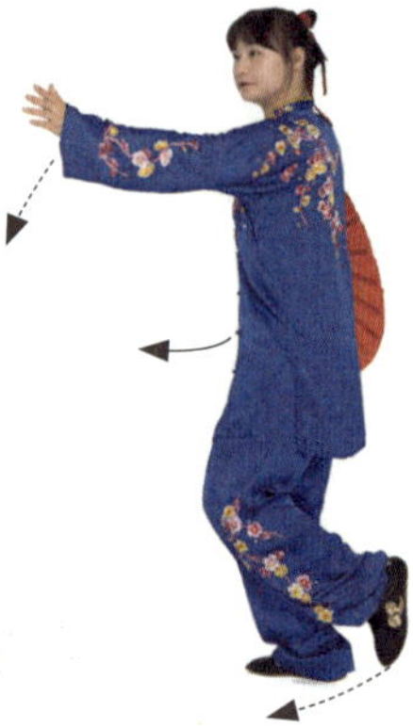

图4-64

图4-65

图4-66

12. **搂扫横劈**

（1）提膝搂扫：右脚前收提膝；同时右手合扇收于左肋旁，身体右转（约90°）微俯身；随之右手绕膝外侧画弧扫扇，扇首斜向下方，左掌反方向外撑格挡。（图4-67、图4-68）

搂扫横劈

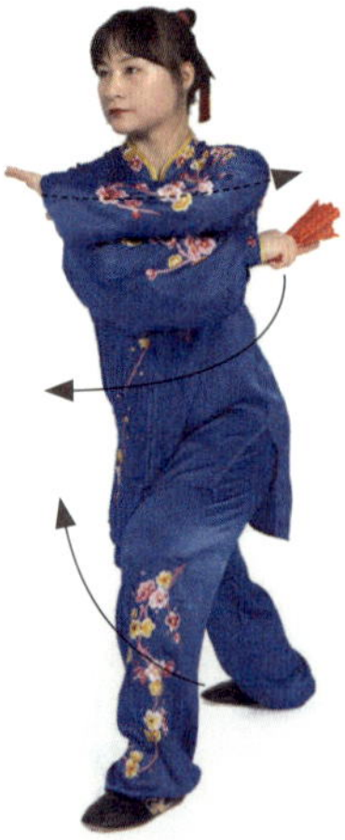

图4-67

图4-68

（2）上步刺扇：右脚下落，重心前移，双手内收合于腰间；左脚向左前方上步，同时右手向右前方刺扇，目随扇动，力达扇首。（图4-69、图4-70）

图4-69

图4-70

（3）弓步横劈扇：后腿蹬直，前腿屈膝成弓步，身体左转；左臂上合贴于耳侧，右臂随势横劈，向前平开扇，扇柄与右臂成一直线；目视前方。（图4-71、图4-72）

图4-71

图4-72

【要点】

（1）提膝搂扫：搂扫、提膝同时完成。提膝脚背绷直，支撑腿微弯曲。搂扫时身体微俯，头部虚顶，含胸拔背。

（2）上步刺扇：右手刺扇同时出左步，重心在后。右手前扫时重心由后向前。

（3）弓步横劈扇：横劈扇时注意呼气下沉，不要耸肩伸脖。

13. 转身抛接扇

（1）插步反开扇：重心后移，左脚尖外撇，身体左转，右腿上步，脚尖内扣着地，左脚后撤插步；同时右手由下往上画圆反开扇，左手反方向画弧推挡出；目视开扇方向。（图4–73至图4–75）

转身抛接扇

图4–73

图4–74

图4–75

（2）转身抛接扇：左脚跟下踩，右脚内扣，左脚外撇成马步，身体左转；同时带左手向前画平圆，右手扇收至背侧，左手抓握左侧扇柄向左上方抛出，待扇面旋转180°后，身体左转成左弓步，右手向前接握住扇根，左手向左侧推出，掌心向外。（图4–76至图4–79）

图4-76

图4-77

图4-78

图4-79

【要点】

（1）插步反开扇：插步时双膝微屈，重心坐于两腿间，持扇手与左手成斜线。

（2）转身抛接扇：转身时脚跟着地，脚尖外撇。转身过程中双腿微屈，重心保持平稳。抛扇时上臂保持固定，前臂微抬，向上抖腕将扇抛出，注意控制抛扇力度，不宜过大。右手接扇的同时成左弓步，身体保持正直。

14. 跟步推扇（孙式）

左脚外撇，右手向上画弧收至左耳侧，同时左手搭于扇身；身体左转，右脚向前上步，重心移至右腿；双手收至胸口后向前平推，目视前方，同时左脚向前跟半步，前脚掌着地。（图4-80至图4-83）

跟步推扇

【要点】

跟步与前推扇同步完成。跟步时用前脚掌着地，双脚间距适中。

图4-80

图4-81

图4-82

图4-83

第三段

斜飞开扇

15. 斜飞开扇（吴式）

（1）左脚向前内扣上步，左掌下按至腰间；右后转身平带手（大约180°），双臂自然展开，重心落于左脚。（图4-84、图4-85）

（2）右脚后撤落步，右手腕内扣，扇首沿腰间向身体左前方穿出，左掌合于右肘上方；重心后移，左脚尖微内扣，身体右转带手至斜后方，扇首斜向上。（图4-86、图4-87）

（3）身体左转成马步，重心微靠右；左手回按至左膝上方；目视左侧，同时右手抖腕斜开扇。（图4-88）

图4-84

图4-85

图4-86

图4-87

图4-88

【要点】

左脚上步转身时双腿微屈，右腿后撤时脚前掌先落地，重心由前转后，成四六步（重心前四后六）。开扇时扇面斜向上。

16. 左右云扇（陈式）

（1）身体微右转，重心左移；右扇向左下方画弧至腹前，扇首斜向下；身体微左转，右脚向左腿后方插步；左掌经腹前向右上画弧，过右肩后转腕向左平推，指尖斜向上；目视左掌方向。（图4–89、图4–90）

（2）左脚收膝向左擦步，身体微右转，成右弓步；左掌向右下方画弧至腹前，同时右扇上提至左肩处，向右侧掤出，力达扇面；目视右扇方向。（图4–91、图4–92）

左右云扇

图4–89

图4–90

图4–91

图4–92

（3）左移重心，右扇向左下方画弧至腹前，右脚向左腿后方插步，左掌经腹前向右上方画弧后向左平推；收左脚向左擦步，身体微右转，成右弓步，左掌向右下方画弧至腹前，同时右扇上提至左肩处，向右侧掤出；继续左移重心，右扇向左下方画弧至腹前，右脚向左腿后方插步，左掌经腹前向右上方画弧后向左平推。（图4–93至图4–96）

图4–93

图4–94

图4–95

图4–96

【要点】

整体动作向左后方移动，大约45° 方向。云扇时以腰为轴，重心平稳，不要高低起伏。两腿虚实分明，右脚插步脚前掌先落，左脚擦步脚跟内侧下踩，协调配合，移动时上身保持中正。云扇时左手旋臂翻掌，肘微下坠，半屈呈弧。双臂腋下微撑，约间隔一拳距离。

17. 弓步平推

右手合扇上提，与肩同高，身体右转，同时双手向右平抹画弧，左手搭至扇首回收腰间；左脚向左上步，双手收至胸前再向前平推，力达扇柄，重心前移成弓步；目视前方。（图4–97至图4–100）

弓步平推

【要点】

上步方向与左右云扇动作大约呈90°夹角。平推时双手从胸前推出，两肩保持水平，重心由后腿向前平移。

图4–97

图4–98

图4–99

图4–100

18. 开扇蹬脚

（1）提膝开扇：扇身竖直下沉，双手同时下按；随之重心后移，左掌收至右肩前，右手向后抡臂至头上方抖腕开扇，扇骨朝前，同时左腿提膝独立。（图3-101至图4-103）

开扇蹬脚

图4-101

图4-102

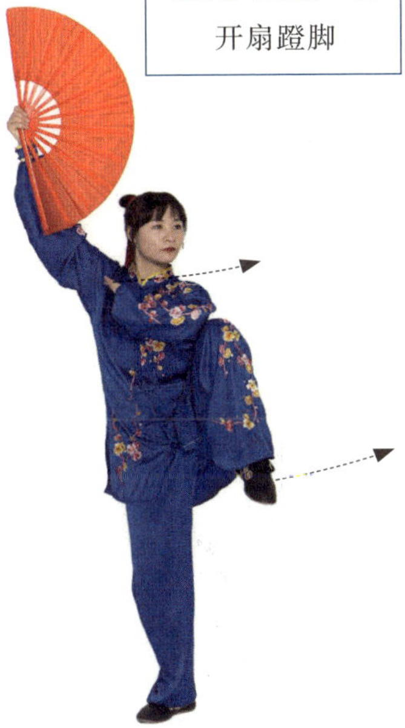

图4-103

（2）开扇蹬脚：身形不变，左脚背回勾，左膝伸直向前蹬脚，力达脚跟；同时左掌前推；目视蹬脚方向。（图4-104）

图4-104

（3）提膝点扇：左脚背下压，左腿屈膝回收成独立式；左掌上提画弧回收至右肩前，同时右手合扇屈肘下落，向身体右侧提腕点扇，手臂伸直，扇身斜向下，力达扇首，眼随扇走。（图4–105至图4–107）

【要点】

（1）提膝开扇：提膝时先站稳保持重心，虚顶头部，目视前方，再打开扇面。

（2）开扇蹬脚：蹬脚同时左推掌，屏住呼吸，身体中正，控制重心。

（3）提膝点扇：收脚提膝保持匀速，合扇后先屈肘下沉，再伸臂提腕点扇。

图4–105

图4–106

图4–107

19. 左扫右截

（1）仆步前扫：左手沿后背内旋下穿，左脚向左后方下落，右腿屈膝下蹲成仆步，右腕外转画弧落于右腿侧；重心左移，持扇向左平扫，左掌外撑，右腿蹬直成左弓步。（图4–108至图4–111）

左扫右截

图4-108

图4-109

图4-110

图4-111

（2）弓步截扇：重心移至左脚，双臂内合收至左胯侧，右脚回收后向右侧上步，右腕内旋，重心右移，左掌轻搭右腕，右手向右下方截扇，力达扇身，右腿屈膝成右弓步。（图4-112至图4-115）

【要点】

（1）仆步前扫：左脚下脚后随势外摆，脚尖不要内扣，膝盖正对脚尖方向。

（2）弓步截扇：右腿先出，后移重心，扇随身走，截扇手微屈坠肘。

图4-112

图4-113

图4-114

图4-115

20. 弓步平扫

（1）回身劈扇：左手搭至右手腕侧，右手顺势前领向上画弧收至左腰侧，同时重心移至左腿，右脚微抬内收；右手向下画弧，同时右脚向右前方上步，随之左脚向前上步，右手举至头上方，右脚前踩震脚，同时回身，右手下劈开扇，左手随势向前画弧挑掌至头上方，左腿向后勾脚。（图4-116至图4-120）

弓步平扫

图4-116

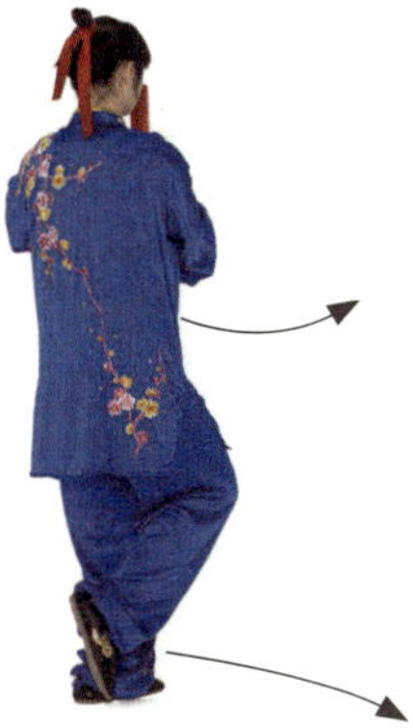
图4-117

图4-118

图4-119

图4-120

（2）弓步平扫扇：左脚向上前方上步，右手合扇，右脚再向左前方上步成弓步；同时右手向前平画弧，手腕内扣平开扇，左手随势外撑至左上方，掌心朝外。（图4-121至图4-123）

【要点】

（1）回身劈扇：上步保持平稳，震脚和开扇下劈同时完成.摆头回看劈扇方向。

（2）弓步平扫扇：扫扇时身体略前倾，平扫扇手肘弯曲，手腕内扣。

图4-121

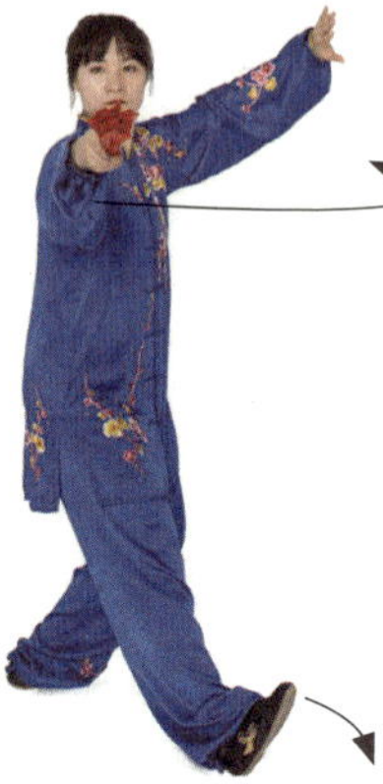

图4-122

图4-123

21. 翻腰上撩扇

（1）翻腰上撩扇：重心移至右腿，左脚微抬内收，右手向上抬至右上方，左手前收至右肩；左脚向前方上步，随之右脚上步，同时左右手向外画圆，翻腰撩扇。（图4-124至图4-126）

翻腰上撩扇

图4-124

图4-125

图4-126

（2）马步下压扇：左脚向右后方后撤步，同时右手向下画圆收至左前方，右手向上画弧反下按至右胯前，左手向上画弧外撑，同时屈膝下蹲成马步。（图4–127至图4–129）

【要点】

（1）翻腰上撩扇：左脚回收时悬空不可触地，抬高不过脚踝。翻腰撩扇动作以腰领手一气呵成。

（2）马步下压扇：撤步下压时成四六步，重心下沉，头部虚顶，目视扇沿前方。

图4–127

图4–128

图4–129

第四段

22. 平云抡劈（孙式）

（1）上步平云扇：右脚尖外撇，重心前移，右手合扇，同时身体微右转，双手落至右腰间，左脚向前上步，左掌平举外撑，右手持扇向右侧刺出；重心前移，右脚上步，右手平带至体前，左手合于右腕处，随之持扇在头前上方绕圆平云扇，眼随扇走。（图4–130至图4–134）

平云抡劈

图4-130

图4-131

图4-132

图4-133

图4-134

（2）跟步抡劈：左脚尖外撇上步，同时身体左转，右手持扇向左后方抡扫抬至头上方；右脚尖内扣上步，右手向右下劈，力达扇首，左手向下画弧至耳后方外撑，左脚向前跟半步，脚前掌点地。（图4-135至图4-138）

【要点】

（1）上步平云扇：起动时脚尖外撇调整方向，上步时脚跟落地控制重心。平云扇以腰为轴，转腰带手画圆，眼随扇走。

（2）跟步抡劈：下劈时不可屈臂，从上直臂向下劈击。

图4–135

图4–136

图4–137

图4–138

23. 仰身前开扇

（1）仰身格挡：重心后移，左脚跟落地，右手屈臂向内画弧，双手经面前相合；身体后仰，前脚微抬，随之扇身贴面扫挡。（图4–139、图4–140）

（2）弓步前开扇：右脚屈膝前落成弓步；同时双手由两侧下落相合，左手护于右肘内侧，右手向前开扇；目视前方。（图4–141至图4–143）

仰身前开扇

图4-139

图4-140

图4-141

图4-142

图4-143

【要点】

（1）仰身格挡：转腰带手格挡，后仰时重心在左脚。

（2）弓步前开扇：右脚轻抬，高不过脚踝，虚实分明。上步后重心匀速向前平移，身体保持中正。

24. 弓步穿扇

弓步穿扇

（1）转身弓步下穿：重心前移，左脚上步内扣，右腕外旋扇面平放，左掌微外撑，向右后方转体，右膝外展摆正，右手随之向右平带至体后；右脚提膝后撤，双手合于头上方，扇首朝下，经胸前下按；随之右转身扇首下穿至右膝前，左膝伸直成右弓步，扇首斜向下。（图4-144至图4-149）

图4-144

图4-145

图4-146

图4-147

图4-148

图4-149

（2）左弓步回转插扇：右腕外旋翻转扇面，随之双手指尖轻握扇柄两端，重心前移，左脚向左前方上步；同时双手上提，扇面向内翻转一周后向左膝前穿出，右腿蹬直成左弓步，扇首斜向下。（图4-150至图4-155）

图4-150

图4-151

图4-152

图4-153

图4-154

图4-155

（3）右弓步立扇：重心前移，右脚向右前方上步，随之右腕外旋上提，扇柄垂直，扇面朝前；重心右移，左腿蹬直成右弓步，同时扇身贴面向右平移至右耳侧。（图4-156至图4-158）

图4–156

图4–157

图4–158

【要点】

（1）转身弓步下穿：左脚向右前方上步，内扣转身约180°。双手下穿的同时，右腿向身体左后方撤步。转身时先左脚内扣后右脚外摆，然后伸膝成弓步。

（2）左弓步回转插扇：转腕翻扇时，先左手接扇柄再右手接。内翻扇时身体左转，翻扇完成后出左腿下穿，上、下肢协同配合，动作要连贯。

（3）右弓步立扇：立扇平推时扇沿要移过脸侧，扇面朝前；弓步与推扇同时完成。

（4）以上三次落步方向均为斜方向，角度约为45°。

25. 掩手三击（陈式）

（1）掩手刺扇：

①左手持扇柄前端向上合扇，右手下握扇柄，重心左移，双手随势下落，左手搭右腕处；双手提至胸前下按，同时右脚提起下踩，左脚跟向左侧方擦步下落。（图4–159至图4–163）

掩手三击

②重心右移，身体右转，双手沿膝内侧自然外撑，随之身体回转至左方，右手持扇回收至右腰间，同时左手回带至体前。（图4–164至图4–166）

图4-159

图4-160

图4-161

图4-162

图4-163

图4-164

图4-165

图4-166

③身体微右转蓄力，随之腰发力左转；左掌掩手下按回收至左腰间，同时右扇向前刺出，力达扇首。（图4–167）

（2）进步顶肘：右手平带至身体左侧，右脚横步侧移，左手收右肩前，右臂屈肘向右侧斜上方发力顶出，左脚进步前跟；目视顶肘方向。（图4–168、图4–169）

图4–167

图4–168

图4–169

（3）马步平开扇：身体右转，右手向右侧画弧回收至腰侧，随之左转身发力带手平开扇，同时左掌前按至左膝上方，重心微后坐，成四六步。（图4–170至图4–172）

图4–170

图4–171

图4–172

【要点】

（1）掩手刺扇：右腿提膝时先绷直脚背，待下落时勾脚尖下踩震脚，换左腿勾脚尖上提，擦步下落。刺扇时转髋带腰发力，右腿微屈，重心位于两腿间。

（2）进步顶肘：顶肘时左脚顺势跟进，勿刻意抬脚上步，身形保持平稳。

（3）马步平开扇：平开扇时马步重心靠后，成四六步，前四后六。

26. 行步端扇

（1）行步端扇：左脚尖外撇，右手从腰间穿至右前方端扇；右脚向前上步，脚尖外撇，左脚上步内扣，双脚向右绕圆前行。（图4-173至图4-176）

行步端扇

图4-173

图4-174

图4-175

图4-176

（2）转身外摆腿：左手前掤，右手收至左腰侧，身体右转；同时右手向上平云扇合扇，左手搭于右腕处，右脚向外摆踢后屈膝内收。（图4-177至图4-180）

图4-177

图4-178

图4-179

图4-180

（3）打虎开扇：右脚向右前方落地，同时重心移至右腿，随之左腿蹬直成右弓步；右手抬至头上方开扇，随势左手向左前方推掌，呈打虎势。（图4-181至图4-183）

【要点】

（1）行步端扇：行步时右摆左扣，平稳行走，四步成圆。端扇时腕与肩平，手肘微屈，气沉丹田，眼看扇沿。

（2）转身外摆腿：右手合扇，左掌内收，两手先呈抱球状，同时屈膝向上摆踢，摆腿过程中头部虚顶，保持重心平稳。

（3）打虎开扇：摆腿落步后身体面向右侧，开扇的同时身体左转，目视前方，身体保持中正。

图4-181

图4-182

图4-183

27. 马步抱扇

（1）插步平云扇：重心左移，右脚尖内扣；右手左前方内旋画圆，随之右带举至头上方平云扇，左手上举，合于右手，同时左脚向右插步。（图4-184至图4-186）

马步抱扇

图4-184

图4-185

图4-186

（2）马步抱扇：右腿向右开步，脚前掌点落，重心移至两腿间，屈膝下蹲成马步；同时双手下落抱扇至腹前。（图4-187至图4-189）

图4–187

图4–188

图4–189

【要点】

（1）插步平云扇：先左移重心再向右撤步。平云扇时手腕放松画圆，仰头看扇。

（2）马步抱扇：右脚落步时稍比肩宽，马步下落时身体保持中正，勿塌腰突臀。

收 势

28. 收势

（1）收步平举：左手合扇握持扇身，双手收至腰间后向外画圆，同时右腿向左收小步，双手与肩平齐同宽。（图4–190至图4–192）

图4–190

图4–191

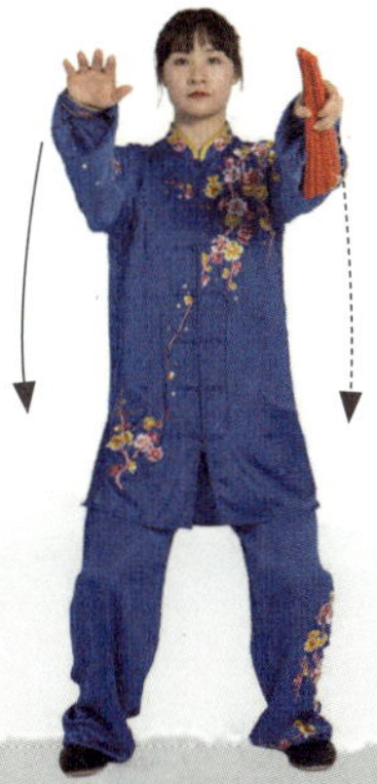
图4–192

（2）落臂直立：双手下按至胯前；双腿直立。（图4-193）

（3）并步收势：重心移至右腿；双手收至大腿外侧同时收左腿并步直立；目视前方。（图4-194）

【要点】

（1）收步平举：合扇收腿时眼随手走，先看右手方向再目视前方。

（2）落臂直立：落臂下按与伸膝直立协同一致，身体自然松直。

（3）并步收势：并步收腿注意点起点落，气息保持平稳，还原起势状态。

图4-193

图4-194

（三）28式综合太极扇动作路线图

第一段

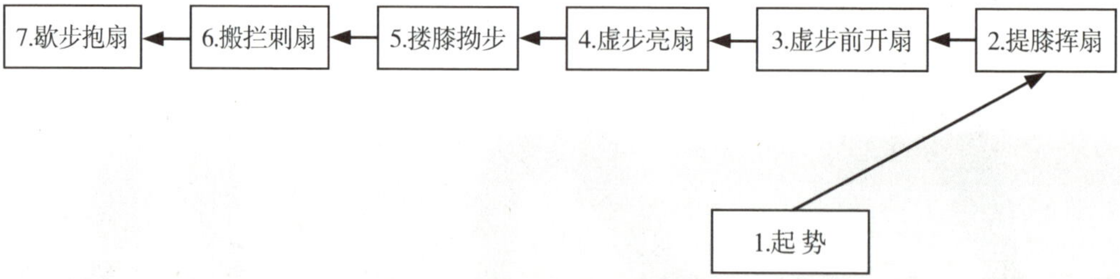

第二段

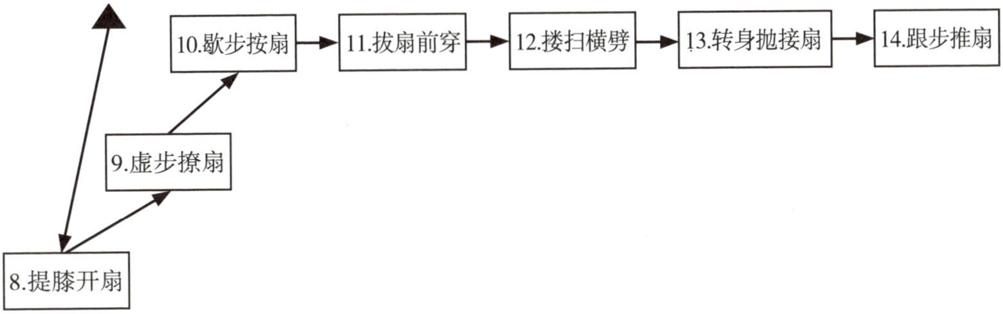

第三段

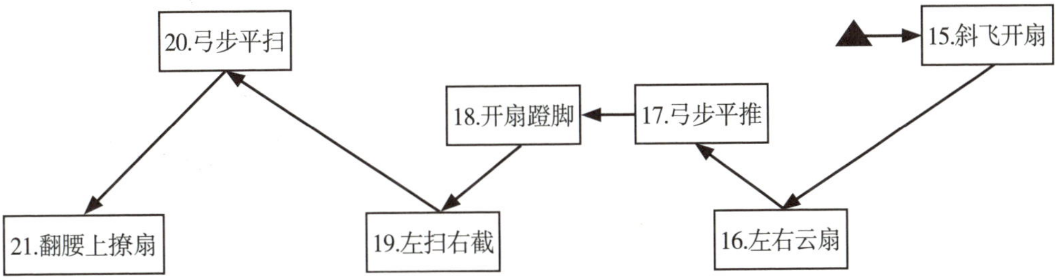

第四段

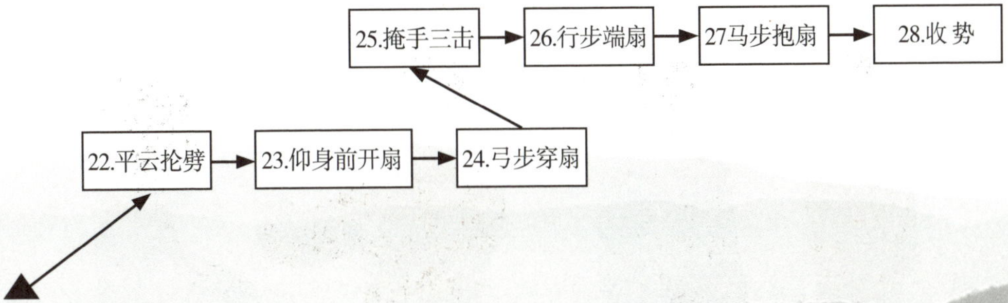

注：图中▲表示上一段最后一式动作。

五、太极扇礼仪

我国自古就是礼仪之邦，有着悠久的礼仪传统。武林界一直有“未曾学艺先识礼”的传统。习武者平时的举止要端庄大方，有礼貌，言谈话语要有素养，而且要言必信，行必果。待人处事热情诚恳，和蔼可亲。服饰要整洁得体，在表演竞技、教学训练、国内外武术交往中，都要严格按照武德的行为规范执行，表现出个人立身风度及容端体正的尚武本色的“精、气、神”，充分反映出习武者的良好素质。

中国武术协会对于武术行礼的方式做了统一规定。武术行礼主要分徒手礼、持械礼、递械礼、接械礼。徒手礼又分为抱拳礼和注目礼两种方式。

（一）持扇抱拳礼

左手为掌，右手持扇握拳，双手环抱于胸前向前推出行礼。（图5-1）

图5-1

（二）递、接扇礼

1. 递扇礼

并步自然站立；左手正握扇根处，右手平托扇首置于胸前；目视接扇者递扇。（图5-2、图5-3）

图5-2

图5-3

2. 接扇礼

并步自然站立；左手轻托扇身，右手手心朝下接握扇柄；目视递扇者接扇。（图5-4、图5-5）

图5-4

图5-5

技术演示人员介绍

刘然（女），毕业于天津理工大学，国家健将级运动员，中国武术六段。2017年第14届全国武术之乡武术套路比赛自选太极拳、剑第一名；2018年全国大学生武术套路锦标赛陈式太极拳第一名；2019年天津市太极推手女子青年组第一名；2019年第3届海峡两岸武术交流会甲组杨式太极拳、42式太极剑第一名；多次应邀出访欧洲、非洲、大洋洲等地区，进行武术交流与访问。

附录：《传统武术套路竞赛规则》

（2012中国武术协会审定）

第一章　竞赛组织机构

第一条　竞赛委员会

根据不同的比赛规模，可设立竞赛委员会、竞赛部或竞赛处，由负责竞赛业务的行政人员若干人组成。在大会组委会统一领导下，负责整个大会的竞赛组织工作。

第二条　竞赛监督委员会

一、竞赛监督委员会为竞赛的监督机构

二、竞赛监督委员会人员的组成

由主任1人、副主任1人、委员3或5人组成。

三、竞赛监督委员会的职责

（一）监督、检查仲裁委员会、裁判员的工作。

（二）监督、检查参赛运动队的比赛行为。

（三）有权对违纪的仲裁人员、裁判人员和运动队的相关人员做出处罚。

（四）竞赛监督委员会不直接参与仲裁委员会和裁判人员职责范围内的工作，不干涉仲裁委员会、裁判人员正确履行自己的职责，不改变裁判人员、仲裁委员会的裁决结果。

第三条　仲裁委员会

一、仲裁委员会人员的组成

由主任1人、副主任1人、委员3或5人组成。

二、仲裁委员会的职责

（一）接受运动队的申诉，并及时做出裁决，但不改变裁判结果。

（二）仲裁委员会会议出席人员必须超过半数，超过半数以上做出的决定方为有效。表决投票相等时，仲裁委员会主任有决定权。仲裁委员会成员不参加与本人所在单位有牵连问题的讨论与表决。

（三）仲裁委员会的裁决为最终裁决。

（四）仲裁委员会负责确定比赛时每块场地的仲裁录像位置。

第四条 裁判人员的组成

一、裁判人员的组成

（一）总裁判长1人、副裁判长1~2人。

（二）裁判组设裁判长1人、副裁判长1人；评分裁判员3~5人。根据竞赛的规模可设若干个裁判组。

（三）编排记录长1人。

（四）检录长1人。

二、辅助工作人员的组成（根据比赛规模，可适当增加或减少人员）

（一）竞赛电子系统操作人员每场地1~2人。

（二）编排记录员3~5人。

（三）检录员每场地2~3人。

（四）宣告员1~2人。

（五）放音员1~2人。

（六）摄像员每场地1~2人。

第五条 裁判员的职责

一、总裁判长

（一）组织领导各裁判组的工作，保证竞赛规则的执行，检查落实赛前各项准备工作。

（二）解释规则、规程，但无权修改规则、规程。

（三）在比赛过程中，根据比赛需要可调动裁判人员工作，裁判人员发生严重错误时，有权处理。

（四）审核并宣布成绩，做好裁判工作总结。

二、副总裁判长

（一）协助总裁判长的工作，并可重点负责竞赛中某一部分的工作。

（二）在总裁判长缺席时，代行其职责。

三、裁判长的职责

（一）组织本裁判组的业务学习和实施裁判工作。

（二）执行比赛中对套路时间不足或超出规定、重做、集体项目少于规定人数、配乐项目不符合要求等扣分。

（三）经总裁判长同意，有权对不合理的运动员应得分进行调整，但无权更改裁判员的评分。

（四）裁判员发生严重的评分错误时，可向总裁判长建议给予相应的处理。

四、副裁判长的职责

协助裁判长进行工作；负责管理本场地检录组的工作，保证本组比赛有序进行。

五、裁判员的职责

（一）服从裁判长的领导，参加裁判业务学习，做好准备工作。

（二）认真执行规则，独立进行评分，并做好临场评分记录。

（三）负责运动员整套动作演练的评分。

六、编排记录长的职责

（一）负责编排记录组的全部工作，审查报名表，并根据大会要求编排秩序册。

（二）负责比赛现场评分记录的审核；如遇特殊情况，可根据总裁判长指意，现场进行有关项目上场组别、顺序的调整（含人员、项目的增加或删减）。

（三）准备比赛所需表格，审查核实比赛成绩及排列名次。

（四）采用电子竞赛计分系统时，须做好裁判组与电子竞赛系统操作组的协调工作，保证竞赛成绩无误。

（五）如遇同分时，按规则规定处理好成绩，确定名次。

（六）编排成绩册。

七、检录长的职责

（一）负责在赛前协调安排布置场地，落实各场地检录处位置、运动员入场和退场的位置及标记。

（二）负责检录组的全部工作，及时与各裁判长沟通，如有变化及时报告总裁判长和宣告员。

第六条　辅助工作人员职责

一、编排记录员的职责

根据编排记录长分配的任务进行工作。

二、检录员的职责

（一）按照比赛顺序及时进行检录，将比赛运动员带入场后，向裁判长递交检录表。

（二）配合裁判长，做好现场运动员上场的检录工作；负责多名运动员同时上场时的起势位置的确定。

（三）负责将完成比赛的运动员带出场地，保证场内竞赛秩序井然。

三、宣告员的职责

报告比赛成绩，介绍有关竞赛规程、规则、比赛规模、传统武术拳种及项目特点等知识。

四、放音员的职责

（一）在比赛第一次检录时，负责收取配乐项目音乐光碟，根据比赛出场顺序进行编号，保证配乐项目比赛顺利进行。

（二）运动员站在比赛场地3~5秒钟之间，开始放音乐。

（三）比赛结束后，负责将音乐归还运动队。

五、摄像员的职责

（一）对全部竞赛项目进行现场摄像。

（二）遵照仲裁委员会、竞赛监督委员会的要求，负责播放相关项目录像。

（三）全部录像均应按大会规定予以保留，并交付竞赛处制作光盘存档资料。

第二章　参赛人员及其规定

第七条　参赛人员及其规定

参赛人员包括参赛队的运动员、教练员、领队和随队医生。为确保大会的顺利进行，须遵守以下规定：

（一）参赛者应按规程中的规定按时报名，并遵守大会各项规定。

（二）参赛组委会安排的领队会议（组委会）和教练员、裁判员联席会议，充分发表意见和提出疑问，一旦决定，严格遵照执行。

（三）参赛者应依据规则和规程公平竞争，履行武术礼仪，服从裁判，尊重对手。

（四）任何参赛人员不得在比赛期间对裁判人员施加影响和干扰，一经发现，由竞赛监督委员予以严肃处理。

第八条　申诉

一、仲裁委员会只受理运动队在比赛时裁判长对本队运动员的扣分有异议的申诉

二、申诉程序

参赛队对裁判长扣分有异议时，必须在该场该项比赛结束后15分钟内，由该队领队或教练向仲裁委员会以书面的形式提出申诉，同时交付1000元申诉费。一次申诉仅限一个内容。

仲裁委员会依据申诉内容进行认真审议，查看仲裁录像，如裁判长扣分正确，提出申诉的运动队必须坚决服从。如果因不服而无理纠缠，根据情节轻重，可由仲裁委员会建议竞赛监督委员会给予严肃处理，直至取消比赛成绩；如裁判长扣分错误，仲裁委员会提出申请，由竞赛监督委员会对裁判长进行处理，但不改变裁判结果，退回申诉费。

裁决结果应及时通知有关各方。

第三章　竞赛通则

第九条　竞赛性质

一、竞赛类型分为

（一）个人赛。

（二）团体赛。

（三）个人及团体赛。

二、按年龄可分为

（一）成年赛。

（二）青少年赛。

（三）儿童赛。

三、按拳种内容分为

（一）各单练拳术和器械的个人项目比赛。

（二）对练项目比赛。

（三）集体项目比赛。

（四）综合项目比赛。

第十条　竞赛和表演项目

一、竞赛项目

（一）流传有序的各武术拳种流派的传统套路，包括单练的拳术、器械、对练和集体项目。

（二）在群众中广泛流传的其他武术套路，包括各种规定的拳术、器械和功法等项目。

二、集体表演项目

以武术动作为主要内容，并具有一定艺术性的集体武术综艺表演项目。

第十一条　竞赛年龄分组

儿童组（A组）：12周岁以下。

少年组（B组）：12周岁至17周岁。

青年组（C组）：18周岁至39周岁。

中年组（D组）：40周岁至59周岁。

老年组（E组）：60周岁和60周岁以上。

第十二条　比赛顺序的确定

在竞赛监督委员会和总裁判长的监督下，由编排记录组运用计算机程序进行分组排序，确定项目比赛顺序和运动员上场顺序。

第十三条　检录

运动员须在赛前30分钟到达指定地点报到，参加第一次检录，并检查服装和器械。赛前20分钟进行第二次检录，第三次检录时间为赛前10分钟。

第十四条　礼仪

运动员听到上场点名时、完成比赛套路后和裁判长宣布最后得分时，应向裁判长行抱拳礼。

第十五条　计时

运动员由静止姿势开始肢体动作，计时开始；运动员结束全套动作后并步站立，计时结束。

第十六条　示分

运动员的比赛结果，公开示分。

第十七条　弃权

不能按时参加检录与比赛者，按弃权论处。

第十八条　兴奋剂检测

根据国际奥林匹克宪章的规定和国际奥委会的有关要求，进行兴奋剂检测。

第十九条　名次和等级奖项的评定

一、名次评定

（一）个人项目、对练项目和集体项目名次。

按比赛的成绩高低排列名次。得分最高者为该单项的第一名，次高者为第二名，依此类推。

（二）个人全能名次。

根据规程规定，按各单项得分总和的多少进行评定，得分最多者为全能第一名，次多者为第二名，依此类推。

（三）团体名次。

根据竞赛规程关于团体名次的确定办法进行评定。

二、得分相等的处理

（一）个人项目、对练项目和集体项目得分相等的处理。

1. 两个无效分的平均值接近有效分的平均值者列前。

2. 两个无效分数的平均值高者列前。

3. 两个无效分数中，低无效分数高者列前。

4. 如仍相等，名次并列。

（二）个人全能得分相等时，以比赛中获得单项第一名多者列前；如仍相等，则以获得第二名多者列前，依此类推；如获得所有名次均相等，则名次并列。

（三）团体总分相等时，以全队获得单项第一名多者列前；如仍相等，则以获得第二名多者列前，依此类推；如获得单项名次均相等，则名次并列。

三、等级奖项的评定

个人项目、对练项目、集体项目分别设一、二、三等奖。确定获奖等级的方法是按各项最后得分多少排序，各奖项的比例由竞赛规程规定。

第二十条　集体表演项目的评定

（一）集体表演项目奖项设一、二、三等奖。

确定获奖等级的方法是按得分的多少排序，各奖项的比例由竞赛规程规定。

（二）集体表演项目也可以设置其他特别奖项。

集体表演项目设置的特别奖项由竞赛规程规定。

第二十一条　套路完成时间的规定

一、个人项目和对练项目

完成套路时间为50秒至2分钟（太极拳、剑和功法项目除外），运动员演练至1分30秒时，由裁判长鸣哨提示。

二、太极拳项目

（一）太极拳项目。

完成套路时间为4~6分钟，运动员演练至4分钟时，由裁判长鸣哨提示。

（二）太极剑项目。

完成套路时间为3~4分钟，运动员演练至3分钟时，由裁判长鸣哨提示。

三、功法项目

完成套路时间为2~4分钟，运动员演练至2分30秒时，由裁判长鸣哨提示。

四、集体项目

完成套路时间不得超过4分钟。

五、集体武术综艺表演项目

完成套路时间不得超过6分钟。

六、运动员比赛时完成套路的时间以裁判组的秒表所计的时间为依据

运动员比赛时裁判组用2块秒表计时。当运动员完成套路的时间不符合有关规定，同时裁判组的2块秒表所计时间又不相同时，以较接近规定时间的1块表所计时间为准。

七、根据竞赛性质和竞赛内容的不同，可在规程中对完成套路时间做出相应的规定

第二十二条　集体项目人数的规定

集体项目不少于6人，集体表演项目人数不限或按照竞赛规程规定。

第二十三条　配乐

（一）配乐项目按规程规定执行。

（二）凡配乐项目必须使用纯音乐，音乐主题与套路主题相和谐。

（三）动作开始的前奏曲和动作结束后的音乐尾声，须控制在15秒以内；音乐须使用光盘或MP3播放器录制，比赛音乐须独立录制和备份。

（四）各代表队须在配乐项目比赛前第一次检录时，将本队音乐光盘或MP3播放器进行检录，交至放音员处，并配合放音员完成本队比赛音乐播放。

第二十四条　未完成套路规定

运动员未完成套路不予评分。

第二十五条　重做

运动员因主客观原因造成比赛套路中断，可以申请重做一次。重做项目可安排在该类项目最后一名上场，若出现最后一名选手重做，则允许休息5分钟后上场。

第二十六条　服装

（一）裁判员应穿统一的武术裁判服装。

（二）运动员可穿具有运动特色、项目特色、民族特色、时代特色的适合武术运动的比赛服装和武术鞋。

（三）规程可以根据竞赛性质、内容，统一规定运动员的比赛服装。

第二十七条　竞赛场地

（一）个人项目和对练项目的竞赛场地为长14米，宽8米，场地四周内沿应标明5厘米宽的白色边线，场地的长和宽均由边线的外沿开始计算。场地周围至少有2米宽的安全区域。

（二）集体项目的竞赛场地为长16米，宽14米，场地四周内沿应标明5厘米宽的白色边线，场地的长和宽均由边线的外沿开始计算。场地周围至少有1米宽的安全区域。

（三）竞赛场地的地面空间高度不少于8米；两个场地之间的距离在4米以上；场地灯光垂直照度和水平照度应在规定范围之内。

（四）竞赛场地应有明显场地编号标志；场地周围应设置仲裁录像和电子示分屏的位置；场地一侧设置裁判席。所有设置均应保持与场地边线2米以上距离。

（五）裁判席右侧后方运动员临场处，应设置2~4名运动员临场席。

第二十八条　比赛器械

可以使用任何武术器械或由规程规定的器械。

第二十九条　其他比赛设备

根据竞赛规模大小和需要配备摄像机、放像机、电视机和音响设备。

第四章　评分方法与标准

第三十条　竞赛项目评分方法与标准

一、各项目比赛的满分为10分

二、评分方法

（一）裁判员根据运动员现场技术演练发挥的水平，与“等级评分总体要求”的相符程度，按照评分的等级标准，并与其他运动员进行比较，确定运动员的等级分数。在此基础上，减去“其他错误”的扣分即为运动员的得分。裁判员评分可到小数点后2位数，尾数为0~9。

（二）应得分数的确定。

3名裁判员评分时，取3名裁判员评出的运动员得分的平均值为运动员的应得分；4名裁判员评分时，取中间2名裁判员评出的运动员得分的平均值为运动员的应得分；5名裁判员评分时，取中间3名裁判员评出的运动员得分的平均值为运动员的应得分。应得分可取到小数点后2位数，第3位数不做四舍五入。

（三）裁判长对评分的调整。

当评分中出现明显不合理现象时，在示出运动员最后得分之前，裁判长可调整运动员的应得分。裁判长调整分数范围为0.01分至0.05分。如须调整更大幅度方可纠正明显不合理现象时，裁判长须经总裁判长同意，调整分数范围扩大为0.05分至0.1分。

（四）最后得分的确定。

裁判长从运动员的应得分中减去“裁判长的扣分”或加上“裁判长的调整分”，即为运动员的最后得分。

三、评分标准

（一）等级分的评分标准。

1. 技术演练综合评定评分标准。

分为3档9级，其中：8.50~10.00分为优秀；7.00~8.49分为良好；5.00~6.99分为尚可。

2. 等级评分总体要求。

（1）动作规范，方法正确，风格突出。运动员应表现出所演练的拳种及项目的技术特点和风格特点，应包含该项目的主要内容和技法。

（2）劲力顺达，力点准确，动作协调。通过运动员的肢体以及器械应表现出该项目的劲力、方法特点，手、眼、身、法、步配合协调，器械项目要求身、械协调。

（3）节奏恰当，精神贯注，技术熟练。应表现出该项目的节奏特点。

（4）结构严密，编排合理，内容充实。整套动作应与该项目的技术风格保持一致，具有传统性。

（5）武术功法项目应动作规范、松静自然；动作规范，圆活连贯，呼吸顺畅；意念集中，风格突出；连贯圆活，速度适宜，神态自然，呼吸顺畅，意念集中，演练神韵与项目特点融合。

（6）对练项目应内容充实，结构紧凑，动作逼真，风格突出，配合严密，攻防合理。

（7）集体项目应队形整齐，应以该项目的技术为主要内容，突出该项目的风格、特点，配合默契，动作整齐划一，结构恰当，布局匀称，并富于一定的图案变化。

（8）配乐项目应动作与音乐和谐一致，音乐的风格应和该演练项目的技术风格一致，或动作结束时音乐突然中断，缺乏完整性。

（二）裁判员执行的其他错误内容及扣分标准。

1. 遗忘：扣0.1分。

2. 出界：扣0.1分。

3. 失去平衡：晃动、移动、跳动扣0.1分。

4. 器械、服装影响动作：扣0.1分。

5. 器械变形：扣0.1分。

6. 附加支撑：扣0.2分。

7. 器械折断：扣0.3分。

8. 器械掉地：扣0.3分。

9. 倒地：扣0.3分。

10. 对练项目：击打动作落空，扣0.1分；误中对方，扣0.2分；误伤对方，扣0.3分。

11. 以上错误每出现一次，扣一次；在一个动作中，同时发生两种以上其他错误，应累计扣分。

（三）裁判长执行的其他错误内容及扣分标准。

1. 完成套路时间不足或超出的规定。

（1）运动员完成套路时间，凡不足规定时间或超出规定时间在5秒以内（含5秒），扣0.1分；不足规定时间或超出规定时间超过5秒、在10秒以内（含10秒），扣0.2分；不足规定时间或超出规定时间达10秒以上，扣0.3分，最多扣0.3分。

（2）运动员超过规定时间扣分已达0.3分时，裁判长应请运动员立即收势停止比赛。此种情况应视为运动员完成套路。

2. 运动员在规定套路比赛中每漏做或多做一个完整动作，扣0.1分。

3. 运动员因主观原因未完成套路，经裁判长同意可重做一次。运动员重做后，裁判长在其应得分的基础上，扣1分。运动员因客观原因未完成套路，可重做一次，不扣分。

4. 集体项目比赛的人数，少于竞赛规程规定的人数，每少1人，扣0.5分。

5. 配乐不符合竞赛规程规定者，扣0.1分。

6. 传统拳种各流派项目在演练中出现竞技项目《武术套路竞赛规则》中所规定的B级及B级以上的难度动作，每出现一次，扣1分。

第三十一条　表演项目的评定方法与标准

一、评分方法

表演项目的满分为10分。裁判员根据运动员现场发挥的技术和表演水平，按照与“表演项目等级评分的总体要求”相符程度并与其他的表演项目进行比较，确定该项目的等级分。裁判员评分可到小数点后2位数，尾数为0~9。

二、评定标准

（一）技术演练综合评定评分标准。

分为3档9级，其中：8.50~10.00分为优秀；7.00~8.49分为良好；5.00~6.99分为尚可。

（二）表演项目等级评分的总体要求。

1. 以武术技术为主要内容，并能较好地吸收和融合其他艺术形式的元素。

2. 能较好地利用其他艺术的表现手法来烘托武术的技术风格。

3. 结构严密，内容充实，技术熟练，配合默契，主题突出，富于时代气息，充分展现积极、健康、向上的精神风貌。

4. 音乐与主题和动作配合紧密、和谐顺畅。

5. 富有创新意识。

第三十二条　其他

本规则适合于全国及省、市、自治区各级传统武术套路的比赛。对竞赛性质、任务有特殊要求，可在竞赛规程中做出相应规定。